Kater Koyabashi wünscht sich nichts sehnlicher, als Erleuchtung zu finden. Bei seinem alten, weisen Zenmeister führt er ein Leben in Demut, kämpft gegen seine Schwächen und Fehler, lernt und dient. Bis er eines Tages selbst zum Zenmeister ernannt wird und sich in Begleitung seines tapsigen Schülers Taneda auf die traditionelle Mönchswanderschaft begeben soll. Und der Weg zur Erleuchtung ist bekanntlich haarig: Die beiden liebenswerten Helden stolpern von Abenteuer zu Abenteuer, und sie müssen ihre ganze Zen-Weisheit aufbieten, um die Herausforderungen zu bestehen. Doch Schritt für Schritt dringen sie vor zum Kern des Buddhismus.

Henri Brunel, ehemaliger Gymnasialdirektor, ist seit mehr als 30 Jahren Yogalehrer und hat mehrere Bücher über Zen verfasst, darunter Erzählungen und einen Ratgeber über Entspannung für Eilige.

Henri Brunel

Auf Samtpfoten zur Erleuchtung

Einsichten eines Zen-Katers

Mit Illustrationen von Christian Roux

Aus dem Französischen von Bettina Lemke

Deutscher Taschenbuch Verlag

Deutsche Erstausgabe
August 2006
Deutscher Taschenbuch Verlag GmbH & Co. KG,
München
www.dtv.de

Titel der französischen Originalausgabe:
Conte du chat maître zen
deutschsprachige Ausgabe:

Umschlagkonzept: Balk & Brumshagen
Umschlagbild: Christian Roux
Graphische Gestaltung: Karine Bécourt-Foch
Satz: Greiner & Reichel, Köln
Gesetzt aus der Aldine 10,5/17˙
Druck und Bindung: APPL, Wemding
Gedruckt auf säurefreiem, chlorfrei gebleichtem Papier
Printed in Germany
ISBN-13: 978-3-423-34337-4
ISBN-10: 3-423-34337-0

FÜR MUTTER

FÜR ALLE KATZEN, DIE MEIN LEBEN ERFÜLLT HABEN

LANGE NACHDEM DER MENSCH WORTE WIE
»ZEN« UND »BUDDHA«, »SATORI« UND »KOAN« VERGESSEN HABEN WIRD,
WIRD DIE SUCHE IMMER NOCH WEITERGEHEN,
UND MAN WIRD DEN ZEN IN DEN BLUMEN,
DEN SONNENBESCHIENENEN GRASHALMEN
UND VIELLEICHT IN DEN KATZEN SEHEN …

KOYABASHIS SPIRITUELLE SUCHE

Ihr zieht von dannen.
Wie lang ist der Weg
und wie grün sind die Weiden!
Yosa Buson*

Koyabashi ist ein alter, von Narben gezeichneter Kater. Er hat nur noch wenige Schnurrhaare und sein rechtes Auge ist halb geschlossen. Sein schwarzes Fell ist an den Pfoten, der Brust, der Nase und genau in der Mitte der Stirn weiß gefleckt. Somit bezeugt er das Gleichgewicht von Yin und Yang. Schon als Kind war er in der Obhut eines Zenmeisters und verbrachte seine Jugend damit zu lernen und zu dienen. Und während er demütig die Tätigkeiten des Alltags verrichtete – er sägte Holz, schöpfte Wasser, kehrte den Boden der Hütte und kochte Reis –, machte er Fortschritte auf dem »Zenweg«.

Nach langen Lehrjahren erhielt Koyabashi eines Morgens schließlich das »Siegel der Übermittlung«. Nach langem Zögern hatte sich sein Meister dazu entschlossen, es ihm zu verleihen. Da er nun selbst Meister war, machte Koyabashi sich auf den Weg. Er ging seiner spirituellen Suche auf eine ungewöhnliche und manchmal eigentümliche Weise nach, die komisch wirken konnte. Aber hüten wir uns davor zu urteilen. Die Erleuchtung unterliegt keinen Regeln. Sie tritt unerwartet auf und erfüllt manchmal nicht die Weisen, sondern die Herzen der Unwissenden.

Koyabashi verlässt also seinen Meister. Er schultert sein Bündel und nimmt dem Brauch gemäß auch den Wanderstab und die Bettelschüssel mit …

* Die Übertragung der Haikus sowie von Zitaten in diesem Buch folgt jeweils der Vorlage der französischen Ausgabe. Da die beiden Wandermönche Koyabashi und Taneda zum Teil recht frei zitieren, kann der eine oder andere Text daher vom Original abweichen (Anm. d. Übers.).

DIE VIER EDLEN WAHRHEITEN

DAS LEBEN IST LEIDEN

Einen Tag vor dem Aufbruch zu seiner großen Initiationsreise lässt der Meister Koyabashi rufen und erklärt ihm Folgendes: »Stell dir einen Prinzen vor«, sagt er, »schön und wohlgebaut. Er lebt im 6. Jahrhundert vor unserer Zeitrechnung in einem Königreich im Norden Indiens. Mit 16 Jahren vermählt sich Siddhartha Gautama traditionsgemäß mit einer wunderschönen, liebenswerten und treuen Prinzessin namens Yasodhâra. Das Leben des jungen Prinzen besteht aus einer Reihe von Festen. Um ihn herum gibt es nichts anderes als den blauen Himmel, Musik, lächelnde Diener und ständig blühende Gärten. Er lebt glücklich in der Ahnungslosigkeit. Eines Tages wagt er sich zufällig aus dem Palast seines Vaters heraus. Er wird mit dem Elend konfrontiert, mit einem hageren Greis, Kindern in Lumpen, die am Verhungern sind. Was er sieht, schmettert ihn nieder: Das Leben ist hart, beschwerlich.

Das ist die ›Erste Edle Wahrheit‹, die Siddhartha Gautama an diesem Tag entdeckt. Es ist der Beginn seiner langen Suche nach einer Lösung, die ihn jahrelang durch die Ebenen des Ganges führen wird. Vergeblich wird er unter der Anleitung berühmter religiöser Meister studieren und die strengste Askese praktizieren. Eines Abends, er ist mittlerweile 35 Jahre alt, sitzt er unter dem Bodhi-Baum, dem Baum der Weisheit, in der Nähe des Flusses Neranjara und erlangt das Erwachen. Von diesem Moment an ist er unter dem Namen Buddha, ›der Erwachte‹, bekannt.«

DAS LEBEN IST SCHWER,
DA ALLES LEBEN ENDLICH IST,
DA ALLES LEBEN AUF DEN TOD HINAUSLÄUFT,
DA ALLES LEBEN SICH EINES TAGES VERFLÜCHTIGT
WIE DIE ASCHE IM WIND …
DAS LEBEN IST LEIDEN.

Koyabashi hat seinem Meister schweigend zugehört. Er grüßt respektvoll, indem er seine Vorderpfoten vor seiner Stirn zusammenführt. Als er sich gerade zurückziehen will, sagt der Meister noch: »Du wirst, wie es üblich ist, einen jungen Schüler mitnehmen. Sein Name ist Taneda. Er stammt aus einer guten Familie und er ist gutmütig. Gib auf ihn Acht, er wird auch auf dich Acht geben.«

Koyabashi verneigt sich zum letzten Mal. In der Nacht vor seiner Abreise meditiert er. Er hat nicht alles verstanden, was sein Meister ihm erklären wollte. Aber er ist voller Zuversicht …

DAS LEIDEN HAT EINE URSACHE: DAS EGO

Shoken, ein edler Samurai, wurde von einer riesigen Ratte heimgesucht. Nacht für Nacht machte sich das Ungeheuer mit funkelnden roten Augen über seine Vorräte her, beschmutzte seine Kleidung und veranstaltete in seinem Zimmer ein Höllenspektakel. Shoken, der ein Meister der Schwertkunst war, lauerte der Ratte stundenlang auf. Er ließ die glänzende Klinge blitzschnell heruntersausen, vor sich, hinter sich, überall. Doch vergeblich. Das Tier hielt ihn zum Narren und entwischte immer wieder. In aller Morgenfrühe kam es zurück, wenn Shoken schlafend neben seinem großen unnützen Schwert lag.

So konnte es nicht weitergehen. Also ging der Samurai zu den Kais, um eine Katzenarmee zu rekrutieren. Strolche, Halunken und Banditen, die weder an Gott noch an den Teufel noch an Ratten glaubten, trafen bei ihm ein, fraßen ausgiebig auf seine Kosten und machten es sich für die Nacht bequem. Das Ungeheuer mit den roten Augen kam mit dem ersten Licht der Morgendämmerung. Da ihnen das Essen schwer im Magen lag, waren die Katzen faul und träge und reagierten nicht. Eine einzige erhob sich mühsam und ging auf den Feind los. Aber sie ergriff die Flucht, als die Ratte ihre Zähne zeigte und wild knurrte. Der edle Samurai wandte sich an einen professionellen Rattenfänger, der aufgab, als er das Furcht erregende Monster sah. Ein Kater mit großartigen Klauen, der aus hundert Kämpfen siegreich hervorgegangen war, schreckte ebenfalls ängstlich zurück. Eine prahlerische und drückebergerische Katze bestahl und betrog den Samurai. Eines Tages erfuhr dieser schließlich, dass ein gewisser Koyabashi, seines Zeichens Zenmeister und ein bedeutender Kater, auf der Durchreise in der Stadt war.

Shoken suchte ihn auf. Ehrerbietig brachte er sein Anliegen vor und erzählte von seinem Unglück. Koyabashi glättete seine Schnurrhaare, sah den Samurai lange an und sagte dann:

»Nun, wenn all meine Artgenossen gescheitert sind, liegt es daran, dass sie, im Gegensatz zu mir, ihre innere Energie nicht gestärkt haben. Wir Zenmeister, und ich im Besonderen, haben ein so starkes *Ki*, dass weder Mensch noch Tier sich dagegen zur Wehr setzen können. Es lässt die wildesten Kämpfer auf der Stelle erstarren. Sie müssen sich keine Sorgen mehr machen. Ich werde Ihre Ratte besiegen und ich werde sie dazu nicht einmal anfassen müssen. Mein *Ki* wird sie in Angst und Schrecken versetzen, sie wird die Flucht ergreifen und nie wieder zurückkehren!«

Der Samurai beherbergte Koyabashi in seinem Haus. Dieser wohnte mehrere Tage dort, um an diesem Ort heimisch zu werden. Er erzählte von seinen Heldentaten und aß zu seiner vollsten Zufriedenheit. Eines Nachts fasste er schließlich den Entschluss, sich auf die Lauer zu legen. Die Ratte erschien kurz nach Mitternacht. Koyabashi, der sich auf einem Dachbalken niedergelassen hatte, erblickte im Halbdunkel die rot funkelnden Augen. Ihn schauderte, aber er befand sich außer Reichweite. Also nahm er all seine Kraft zusammen und sandte ein lautloses *Ki* aus, das Furcht erregendste, das er in seinem Repertoire hatte. Die Ratte hob nicht einmal den Kopf und fuhr damit fort, einen leckeren Reiskuchen zu verschlingen. Also sprach sich der Katzen-Zenmeister selbst Mut zu:

»Alles, was quiekt und piepst, Mäuse und Ratten sind nichts als Staub vor meinem Angesicht, drei Haare meines Schwanzes. Nichts und niemand wird sich mir je widersetzen können.«

Als er diese Worte ausgesprochen hatte, stieß er, noch immer in sicherer Entfernung auf seinem Balken kauernd, aus dem tiefsten Inneren seiner Brust einen markerschütternden Schrei aus, ein heiseres fürchterliches Miauen, sein Furcht erregendstes *Ki*. Die Ratte hob für einen Moment den Kopf, zuckte mit den Schultern und setzte dann ihre Mahlzeit fort. Koyabashi musste seine Niederlage eingestehen. Er entschuldigte sich beim Samurai und verabschiedete sich beschämt. Ein paar Wochen später erfuhr er zufällig in einem Dorf, in dem er predigte, dass ein gewisser Samurai von einer riesigen Ratte befreit worden war, die als unbesiegbar galt, und zwar von einem armen Kater, der ein Teufelskerl sein musste:

»Wie hat er das gemacht?«, fragte Koyabashi einen der Dorfbewohner, die sich respektvoll um ihn herum versammelt hatten.

»Nun«, sagte der Mann, »dieser Kater ist ein Zenmönch und offenbar ein Heiliger. Allein seine Anwesenheit hat die Ratte in die Flucht geschlagen.«

Koyabashi sagte nichts. Er verriet nicht, dass er dem Ungeheuer mit den roten Augen begegnet war. Aber er litt lange unter seinem verletzten Ego.

DIE ÜBERWINDUNG DES EGOS

Ein Kernpunkt jeder wahren Spiritualität ist die Überwindung des Egos. Unser »Ich« verdeckt das Unendliche in uns. Ein Zenmeister weiß diese Dinge, selbst wenn er noch ein Anfänger ist, und auch Koyabashi ignoriert sie nicht. Aber man kann die Auflösung des Egos nicht unbesonnen und voreilig angehen. Zwar muss die Raupe sterben, damit ein Schmetterling entstehen kann, aber wenn man sie brutal zerquetscht, wird lediglich eine tote Raupe dabei herauskommen. Der Tod des Egos erfordert eine subtile, umsichtige Vorgehensweise. Anders gesagt, der lange Weg, der vom eigenen Selbst dahin führt, dass der andere genauso wichtig wird wie das eigene Selbst, und schließlich dazu, dass der andere eine größere Bedeutung erlangt als das eigene Selbst, setzt Langsamkeit, Sanftheit und Vorsicht voraus. Koyabashi hat das verstanden. Er geht vorsichtig mit seinem Ego um. Er zögert nicht, den Fisch vom Tisch zu stibitzen, wenn die Hausherrin ihm den Rücken zukehrt. Er schläft selig in der Sonne und frisst sich an Haus- und Feldmäusen satt, die in seine Reichweite kommen. Und wenn er verliebt ist, verteidigt er seine Rechte mit Zähnen und Klauen.

So tut es der Weise am Anfang des Weges.

Eines Tages, eines Nachts sollte man auf dem harten Weg der Weisheit allerdings einen Schritt vorwärts gehen und auf den anderen ebenso Rücksicht nehmen wie auf sich selbst. Koyabashi sinnt manchmal während der Paarungszeit darüber nach (ein Zenmönch zu sein bedeutet noch lange nicht, kein Mann bzw. kein Kater mehr zu sein). Er zwingt sich dazu, seinen Rivalen höflich zu empfangen, ihn zumindest nicht anzugreifen. Kurz, Koyabashi gibt sich verbindlich. Und so bemerkt der männliche Kontrahent zwischen zwei Miaus, zwei fauchenden Lauten eine Zeit der Stille und bringt eine erstaunte Zurückhaltung zum Ausdruck.

AUS TIEFER DUNKELHEIT
IN TIEFE DUNKELHEIT GEHEN
VERLIEBTE KATZEN

ISSA

Koyabashi setzt seine Suche als Wandermönch fort. Auf dem Kopf den Bambushut sowie mit Schüssel und Stab ausgerüstet, zieht er kreuz und quer durch Japan. Von Nagoya nach Ueno, von Fugawara nach *Edo*, von Edo nach Kyoto folgt er den Spuren seines Vorbilds, des Zenmönchs und großen Poeten Matsuo Bashō. Er macht Halt in den Dörfern, predigt auf öffentlichen Plätzen und schläft häufig unter freiem Himmel. An einem verschneiten Winterabend bittet er einen Eremiten um Herberge. In dem Tempel, der sich eng gegen den Berg drückt, entdeckt Koyabashi verblüfft Dutzende von Katzen, die an die Wände gemalt sind. Der Hausherr, ein kleiner sympathischer und beredter Mönch, erzählt ihm die folgende Geschichte: »Vor langer Zeit lebte hier einmal ein Eremit. Lediglich sein alter weiser Kater leistete ihm Gesellschaft. Der Mönch und der Kater waren Freunde. Wenn der Mönch abends seine Sutras rezitierte, hörte der Kater häufig kopfschüttelnd[1] zu und hielt seine golden funkelnden Achataugen dabei halb geschlossen.

Doch in einem Frühling veränderte sich alles. Ein unerwartetes Hochwasser des Flusses verursachte eine Ratteninvasion. Eine ganze Schar fiel in den Tempel ein, machte einen riesigen Radau, verschlang die Vorräte, nagte alles an und verschmutzte die Räume. Der Mönch sah traurigen Herzens seine Abreise kommen. Er liebte diesen Ort. Der alte Kater versuchte zwar, die Eindringlinge zu bekämpfen, aber was konnte er schon gegen eine Armee von Nagern ausrichten, die immer aggressiver und zahlreicher wurden? Eines Morgens suchte der Mönch seine wenigen Habseligkeiten zusammen. Sein Gefährte, der seit dem Vorabend seltsam ruhig gewesen war, ergriff schließlich das Wort:

1 Das Kopfschütteln der Katzen in diesem Buch bedeutet Zustimmung (Anm. d. Übers.).

›Meister‹, sagte er, ›ich könnte es nicht ertragen, wenn Ihr diesen Tempel verlassen würdet, in dem Ihr seit so vielen Jahren wohnt. Es ist meine Schuld, da ich die Ratten nicht jagen kann. Aber mir ist eine Lösung eingefallen: Ich werde in der Form einer Katze verschwinden, die unter der Sonne Buddhas lebt. Ich werde fortan nur noch der Schatten einer Katze sein, ein Gemälde an der Wand. So könnt Ihr mich unendlich oft vervielfältigen.‹

Der Eremit akzeptierte das noble Opfer seines Freundes. Und als Dutzende von Katzen sich auf allen Wänden des Tempels ausbreiteten, bekamen die Ratten es mit der Angst zu tun und verließen diesen Ort.

Seit dieser fernen Zeit war der Tempel stets bewohnt«, schloss der kleine Bonze. »Er ist der Erinnerung an diesen Kater gewidmet, der sein Leben für einen Zenmönch hingab und den Weg des Buddha verwirklichte.«

Beeindruckt von dieser Geschichte widmet Koyabashi sich entschlossen diesem Weg. Er muss nun Schritt für Schritt dem edlen achtfachen Pfad folgen, um schließlich eines Tages durch das »Tor ohne Tür« zu treten, das Tor zur Erleuchtung.

DER MITTLERE WEG

Wenn die Welt *Dukkha* ist, Leiden (Erste Wahrheit) …

Wenn die Ursache für dieses Leiden *Samudaya* ist, die unersättliche Gier des »Ich« (Zweite Edle Wahrheit) …

Wenn der einzige Weg, um dieses Leiden zu beenden, *Nirodha* ist, die Überwindung des »Ich«, das Verschwinden des Ego (Dritte Wahrheit), dann ist es angebracht, *Magga* zu folgen, dem Pfad. Der Buddha selbst kannte Reichtum und Ruhm, da er in eine Fürstenfamilie hineingeboren worden war. Daraufhin machte er die Erfahrung der Kasteiung, der Askese (sie war schmerzhaft, unwürdig und ohne Gewinn).

Er begriff die Nichtigkeit der Extreme. Er rät zu *Majima Patipada* (dem Weg der Mitte), er ordnet ihn an. Da sich dieser »Pfad« in acht Kategorien oder Unterteilungen gliedert, wird er in der Regel als »Edler Achtfacher Pfad« bezeichnet.

Das ist die Vierte Edle Wahrheit.

DER EDLE
ACHTFACHE
PFAD

RECHTE ANSCHAUUNG

Die Wahrnehmung von Katzen unterscheidet sich von der unsrigen. So können sie beispielsweise keine Farben erkennen. Ob Tag oder Nacht, Katzen sehen alles grau, so heißt es. Das stimmt jedoch nicht ganz. Katzen nehmen Farben wahr, allerdings matter, schwächer … ein blasses Gelb, ein zartes Blau, ein kraftloses Rot. Eine ausgebleichte Landschaft. Dafür sehen sie im Halbdunkel oder im gleißenden Licht hervorragend. Das liegt am außergewöhnlichen Spiel ihrer Pupillen, die sich weiten oder zu schmalen vertikalen Schlitzen verengen. Und Koyabashi bildet da keine Ausnahme von der Regel. Seine grünen, mit Gold gesprenkelten Augen erspähen den Schatten einer Maus in einer Höhle, einen Goldkäfer am hellen Tage. Er benutzt das linke Auge lieber, da das rechte von heftigen vergessenen Kämpfen gezeichnet und halb geschlossen ist.

Auf dem Weg des edlen achtfachen Pfades erhält die »rechte Anschauung« eine andere und klare Bedeutung. Es handelt sich dabei um die Fähigkeit, die Wirklichkeit zu sehen, nicht durch das Prisma unserer Emotionen, unserer Vorlieben oder Abneigungen betrachtet, oder unseren Wünschen und Ängsten entsprechend, sondern *so, wie sie ist*. Es geht um die objektive Wahrnehmung, die klare Wahrnehmung. Die rechte Anschauung setzt einen langen Lernprozess voraus. Es ist eine schwierige Übung zu sehen, was uns umgibt, ohne Schatten, der durch unser Ich erzeugt wird. Es ist eine Askese, die erste Etappe des Weges.

Die Poesie des Haiku, die so eng mit der Denkweise des Zen verbunden ist, hilft uns, die rechte Anschauung zu verstehen. Sie macht uns empfänglich für die Reinheit des Wirklichen:

Auf meinem Bambushut
plopp,
das war eine Kamelie.
Taneda Santoka

Auf dem Bergpfad
geht die Sonne auf
im Duft der Pflaumen.
Masaoka Shiki

Elf Reiter
galoppieren durch den Nebel,
ohne den Kopf zu wenden.
Matsuo Bashō

Allmählich erscheint der »neutrale Beobachter«. Die »elf Reiter« beispielsweise, die durch den Nebel dahineilen, ohne den Kopf zu wenden, faszinieren Koyabashi. Einen Augenblick lang ähnelt er einem Spiegel, der alles sieht, der alles reflektiert, ohne es zu verformen oder zu benennen. Er bewertet nicht, er benennt nicht, er empfängt – erstarrt in einer plötzlichen Seligkeit, vergisst er sein Ego. Der Schüler Taneda, ein junger, grau getigerter, pummeliger, ja sogar dicklicher Kater, macht sich Sorgen und muss ihn anstupsen, damit er wieder mit seinen grünen, mit Gold gesprenkelten Augen blinzelt und sich schüttelt.

RECHTES DENKEN

Weißt du, was rechtes Denken ist, Taneda?«

»Ja, Meister. Es ist die zweite Stufe des Edlen Achtfachen Pfads. Wir müssen stets gemäß dem Weg des Zen denken.« Koyabashi zuckt unmerklich mit den Schultern, als er diese passende Antwort hört. Mit dem Bambushut auf dem Kopf und dem Stab in der Pfote wandern die beiden Mönche auf der einsamen Straße entlang. Die Hitze ist drückend. Taneda keucht etwas, er hat Durst. Plötzlich ruft der Meister mit leidenschaftlicher Stimme:

»Ich habe dich stets gesucht wie ein verirrtes Schaf.
Ich habe dich in den Wunderwerken gesucht, die du erschaffen hast.
Ich habe die Erde gefragt, ob sie mein Gott ist.
Sie hat mir mit Nein geantwortet.
Ich habe das Meer und seine Abgründe gefragt.
Alle Wesen, die darin sind, haben mir geantwortet:
Suche ihn über uns.
Ich habe den Mond gefragt, die Sonne, die Sterne …
Alle haben mir geantwortet: Wir sind nicht der Gott, den du suchst.
Augustinus[2]

Was hältst du davon, Taneda?«

2 Die Übersetzung folgt der Vorlage von Henri Brunel (Anm. d. Übers.)

»Nichts, Meister«, erwidert der Schüler, der immer stärkeren Durst hat, und er fügt mit gedämpfter Stimme hinzu: »Hat das rechte Denken den Mond und die Sterne zum Gegenstand oder vielmehr den Ort, an dem wir unseren Durst löschen können?«

»Nun höre sich einer diesen großen Fettwanst an!«, stößt Koyabashi hervor. »Ich flüstere seinen Ohren den Nektar augustinischen Denkens ein, und er antwortet mir, dass er Durst hat und etwas trinken möchte! Welch arme gewöhnliche Seele, dass sie von solch vulgären Gedanken heimgesucht wird! Aber schließlich besteht meine Aufgabe als Meister darin, diesem Unglücklichen etwas beizubringen und ihn nach und nach auf eine höhere Stufe zu bringen … Sieh mal, Taneda«, sagt er geduldig und wendet sich seinem Schüler zu, »wenn ich Augustinus für dich zitiere, dann deshalb, weil es Gemeinsamkeiten zwischen den Gedanken dieses fernen Adepten einer exotischen Religion und dem Pfad gibt. *Atma* und Gott sind ungefähr dasselbe. Einzig Atma bleibt. Der Mond, die Sonne, die Sterne und wir selbst sind nichts als sich verändernde Formen einer einzigen Wirklichkeit. Daher glaube ich …«

»Meister, Meister!«, unterbricht Taneda ihn plötzlich. »Ich sehe ein Dorf dort hinten. Wir könnten um etwas zu trinken bitten!«

»Das ist alles, woran du denkst, du dummes Tier!«, erwidert Koyabashi wütend und ist im Begriff, seinem Schüler eine ganze Reihe übel klingender Adjektive entgegenzuschleudern, da ist ihm, als höre er die Stimme seines eigenen Meisters, der ihm einmal Folgendes sagte: »Oh, Koyabashi, dein Herz ist gut, aber dein Kopf schwebt zu sehr in den Wolken. Vergiss nie, dass es beim rechten Denken zunächst darum geht, auf die Herausforderungen der Gegenwart zu reagieren. Es gibt keine ideale Antwort, es gibt lediglich angemessene Reaktionen, die dem Moment entsprechen, der sich gerade ereignet.«

»Gut, Taneda«, sagt der Meister mit sanfterer Stimme, »wir wollen die Dorfbewohner um etwas zu trinken bitten. Ich werde ihnen einen Text von Augustinus rezitieren«, schließt er mit einem schelmischen Unterton …

MEINE SEELE
TAUCHT INS WASSER UND SCHIESST IN DIE LUFT EMPOR,
ZUSAMMEN MIT DEM KORMORAN.

ONITSURA

RECHTE REDE

»Taneda«, sagt Koyabashi an diesem Morgen, »spitze deine Ohren! Ich werde dir die rechte Rede erklären:

Keine Streitthemen ansprechen.«

»Ja, Meister.«

Sie gehen auf einer Straße, die gesäumt ist von blühenden Kirschbäumen. Der Morgen ist frisch und lebendig. Sie marschieren flott dahin, mit vom Frühling erfüllten Herzen:

Im Frühling
ist diese Welt nichts
als Kirschblüten

schrieb der Poet, Mönch und Zenheilige Ryokan.

»Du solltest zunächst wissen«, sagt der Meister und hebt dabei den Stab, um die Bedeutung seiner Worte zu unterstreichen, »du musst wissen, Taneda, dass die Zenregeln die rechte Rede definieren und abgrenzen. Ich werde dir einige nennen:

Nicht das Gegenteil von dem sagen, was man denkt;
Seine Worte der Situation anpassen;
Nicht enthüllen, was ein anderer verbergen möchte;
Keine Streitthemen ansprechen;
Keine Schmeicheleien von sich geben;
Nicht schlecht über andere reden;
Nicht in Rätseln reden, um sich aufzuspielen;
Nicht auf Details bestehen;
Nicht auf Worte zurückkommen, die bereits gesagt wurden;
Nicht ohne Grund lange reden.«

Taneda, der schweigend neben seinem Meister dahintrippelt, schüttelt heftig den Kopf.

»Was ist, Taneda?«

»Nichts, Meister, ich bin absolut einverstanden mit diesen Regeln, vor allem mit der letzten …«

»Hm«, grummelt der Meister, »hör zu und sei still!

Sich nicht mit seinen Erfolgen brüsten;
Nicht von seinen Großtaten sprechen;
Nicht tadeln, bevor man eine Sache nicht beleuchtet hat.«

»Bravo«, ruft Taneda.

»Vorsicht«, warnt Koyabashi, »nicht frech werden, Taneda!«

»Ich, Meister?«, fragt der Schüler verwundert. »Ich finde die Regeln der rechten Rede überaus weise …«

Koyabashi sieht seinen Schüler aus dem Augenwinkel heraus an. Der kleine pausbäckige Kater hüllt sich in Unschuld, den Blick fest auf den Horizont gerichtet.

»Gut, gut«, sagt der Meister.

»Nicht mit lauter Stimme in der Nähe eines Schlafenden sprechen;
Nicht so tun, als wisse man alles.«

»Wie wahr!«, ruft Taneda.

»Hör mal zu«, fährt der Meister ihn an, »unterlasse es bitte, jede Regel zu kommentieren! Hier ist übrigens die letzte:

Nichts sagen, ohne den emotionalen Zustand des anderen zu berücksichtigen!«

»Bewundernswert …«, murmelt Taneda.

Koyabashi ist nachdenklich, ja beinahe verärgert. Sie gehen schweigend nebeneinander her. Ein Gefühl des Unbehagens hat sich zwischen ihnen eingeschlichen. Aber die Kirschen leuchten flammend rosa in der Morgensonne. Der Meister hat ein gutes Herz und lässt Milde walten. Er gibt sich als Erster einen Ruck:

»Taneda, möchtest du, dass ich dir eine Geschichte erzähle?«

»Oh ja, Meister«, ruft der Schüler, denn er liebt Geschichten, Märchen und Fabeln …

»Es war einmal«, beginnt Koyabashi, »vor sehr langer Zeit ein Zenkloster, zu dem die Novizen strömten. Es waren vorwiegend Kinder und Jugendliche, die von ihren Eltern im Stich gelassen worden waren.«

»Hatten sie denn kein Verlangen, Mönche zu werden?«, fragt Taneda.

»Nein! Nicht alle, und an ihrem Verhalten merkte man das.«

»Machten sie Dummheiten?«, will Taneda mit leuchtenden Augen wissen.

»Sie stritten sich, und man hörte auf den Fluren, in den Höfen und den Gärten häufig Schimpfwörter und Beleidigungen … unrechte Worte!

Eines Morgens bestellte der Leiter des Klosters alle Schüler in den großen Meditationssaal:

›Oh, ihr zukünftigen Zenmönche‹, sagte er ernst, ›mögen alle von euch die Pfote heben, die schon einmal während eines Kampfes verletzt worden sind!‹

Eine Reihe von Pfoten wurden nach oben gestreckt. Und die Schüler tuschelten untereinander …

›Ich habe eine Wunde am Nacken davongetragen. Sie war so tief, dass einige Tage lang das bloße Fleisch zu sehen war.‹

›Und mir hat man große Fellbüschel an der Schulter ausgerissen!‹

›Ich habe eine Narbe am Auge davongetragen und drei Tage lang nicht klar sehen können.‹

›Und nun‹, ergriff der Leiter des Klosters erneut mit lauter Stimme das Wort, ›mögen diejenigen, die Opfer von beleidigenden Worten geworden sind, sich melden!‹

Wieder wurden viele Pfoten nach oben gestreckt, und die Schüler erinnerten sich schweigend an den heimlichen Kummer, der in ihrem kindlichen Dasein hin und wieder an die Oberfläche kam.

›Seid nun besonders aufmerksam!‹, sagte der Meister. ›Ich fordere jetzt diejenigen auf, sich zu melden, die immer noch unter ihren körperlichen Verletzungen leiden!‹

Zwei oder drei Pfoten hoben sich.

›Unter ihren seelischen Verletzungen!‹

Fast alle hoben die Pfote, und die Schüler sahen sich gegenseitig erstaunt an.

›Ihr seht‹, sagte der Meister, ›welch tiefes Leid und welche manchmal unauslöschliche Spur ein ungerechtes Wort verursachen kann …‹«

Koyabashi schwieg. Und Taneda bewahrte diese Geschichte in seinem Herzen, während sie durch die Heiterkeit des Frühlings zwischen blühenden Kirschbäumen dahinwanderten.

DIE STIMME DER NACHTIGALL
SCHLICHT,
LANG, RUND, GERECHT.

TŌKŌ

Man kann diese Reflexion über die rechte Rede nicht abschließen, ohne einen Moment lang über das Schweigen zu meditieren. Koyabashi war sich seiner Pflicht bewusst und sagte daher Folgendes:

»Schau, Taneda, alles Reden, selbst wenn es perfekt ist, geht über den Sinn hinaus. Es überflügelt ihn, singt und nimmt uns mit auf seine Reise. Das Schweigen ist die einzige totale Anhaftung an die Gegenwart, an den sich gerade ereignenden Moment.«

Sie schweigen
der Gastgeber, der Gast
und die weiße Chrysantheme.
Ryōta

Der Meister und der Schüler sagen nichts und lassen ein Blumenschweigen in sich hinabsinken. »Wenn man schweigt«, sagt Taneda plötzlich, »weiß man sicher, dass man keine unrechten Worte spricht!«

»Offensichtlich! Worauf willst du hinaus, Taneda?«

»Auf gar nichts, Meister. Ich habe mir gesagt, dass das Schweigen ein angenehmes Mittel ist, um nicht vom Edlen Achtfachen Pfad abzukommen.«

»Sicher, sicher«, seufzt Koyabashi.

Und während sie in der heißen Mittagssonne dahinwandern, sinnt er nach: »Er ist ein guter Junge, aber unfähig, sich länger auf ein paar tiefe Gedanken zu konzentrieren. Er hat nicht mehr Grips in seinem Novizenhirn als ein paar Mäuse in einem Hühnerstall!«

Der Edle Achtfache Pfad hat weder Anfang noch Ende.
Er ist keine gerade Linie, sondern ein Kreis,
dessen Abschnitte alle gleichwertig sind.

RECHTER LEBENSERWERB

An diesem Morgen erreichen Koyabashi und sein Schüler eine Stadt. Von zehntausend Häusern steigt der Rauch aus den Küchen auf. Sie werden um Almosen bitten. In der rechten Pfote halten sie ihren Stab mit den sechs Eisenringen, deren Geklingel Schlangen vertreibt sowie die Zenmönche ankündigt. In der linken Pfote halten sie die rituelle Schüssel. Man gibt ihnen etwas heiße Milch, Fleischstücke und Gemüse. Sie bedanken sich, indem sie ein Sutra psalmodieren oder einen spirituellen Rat erteilen. Als der Morgen vorbei ist, erreichen sie ein Haus, in dem reiche Bewohner leben. Die Familie ist in Trauer. Der Kater ist vor kurzem gestorben.

»Eine Krankheit hat uns urplötzlich unseren Freund genommen«, erklärt die Hausherrin. »Wir haben sehr großen Kummer. Ihr seid Mönche und gebildet. Helft uns bitte dabei, seinen Nachruf zu verfassen. Wir werden euch dafür ein paar Tage beherbergen.« Koyabashi ist einverstanden. Er kalligrafiert folgenden Text auf ein Stück Pergament:

Unser Kater ist tot, er starb an einer plötzlichen Krankheit, einfach so. Wir haben ihn geliebt. Nichts ist von seinem Lebensfeuer übrig geblieben, von seinen geheimnisvollen, tiefen grünen Augen. Wir haben ihn geliebt. Er war erst vier Jahre alt. Er war stolz und tapfer und auch sanft zu Kindern, er war fröhlich und weise. Wir haben ihn geliebt. Dieses kleine Häufchen Asche, das einmal unser Kater war, diese sich verändernde Form des ewigen Atma ist mit dem Frühlingswind dahingegangen.

Nach einigen Tagen verlassen die beiden Mönche ihre Gastgeber gut gesättigt und ausgeruht …

»Meister, bezeichnet man das als rechten Lebenserwerb?«

»Ja, Taneda. Die Regel ist einfach und umfasst nur wenige Worte. Rechter Lebenserwerb bedeutet, sich um seine Bedürfnisse zu kümmern, ohne zu stehlen, zu täuschen, auszubeuten oder den anderen auszunutzen.«

»Ist es verboten, reich zu werden?«

»Ein Mönch ist es nur selten!«, antwortet Koyabashi lächelnd. »Aber egal, ob reich oder arm, ob König oder Bettler, was vor allem zählt, ist die Ehrlichkeit der Mittel, der Respekt vor den anderen, der Frieden des Herzens.«

»Also ich«, sagt Taneda, »hätte gerne stets reichlich zu essen und eine angenehme Unterkunft …«

»Wie du meinst …«, seufzt der Meister.

Sie wandern dahin. Die Sonne steht hoch, und die Hitze beginnt drückend zu werden. Nach einer langen Zeit der Reflexion zieht Koyabashi aus einer Tasche seines *Kesa* ein Buch mit einem abgegriffenen Umschlag heraus, von dem er sich nie trennt.

»Ich möchte dir gerne vorlesen, Taneda, was der große Zenmeister Dōgen über dieses Thema geschrieben hat:

›Auch für mich gab es eine Zeit, in der ich Reisfelder und Gemüsegärten mein Eigen nannte … ich besaß Reichtümer und Schätze. Wenn ich den Zustand meines Körpers und meines Herzens aus der damaligen Zeit mit dem von heute vergleiche – jetzt bin ich arm, es mangelt mir an Kleidung wie an Nahrung – so denke ich, dass mein Herz heute meinem Herzen von damals überlegen ist.‹«

Taneda hört mit geneigtem Kopf zu, und tausend Gedanken schwirren in seinem Kopf wie die Wespen zur Mittagszeit. Er ist sich nicht sicher, dass ihn das überzeugt hat.

RECHTES STREBEN

Alle Mystiker haben auf die Notwendigkeit des Lächelns und die Pflicht zur Freude hingewiesen. Der Zen vergisst diese Pflicht nicht, denn genau darum geht es beim »rechten Streben«. Wir müssen uns für das Glück entscheiden und uns um Großzügigkeit bemühen, darum, Freundschaften zu pflegen, das Lachen und die Freude zu fördern. »Traurigkeit ist eine Hauptsünde«, sagten die Wüstenväter. Gemäß seinem buddhistischen Ursprung ist der Zen davon überzeugt, dass wir unseren Geisteszustand selbst wählen können. Wir selbst öffnen dem Kummer Tür und Tor. Abgesehen von Situationen, in denen wir außergewöhnliches Pech haben oder beispielsweise großes Leid erfahren, müssen wir ein glückliches Gesicht machen und anderen Menschen dieses Geschenk zuteil werden lassen. Wir müssen beherzt annehmen, statt abzulehnen, Mutlosigkeit durch Mut ersetzen, Angst durch Liebe sowie Verdrießlichkeit durch gute Laune, Fröhlichkeit und Humor.

»Woran denkst du, Taneda?«

Der Weg erscheint an diesem Morgen lang. Das Wetter ist trübe, und sogar die Zweige der Kirschbäume sehen im Regen traurig aus.

»Müssen wir uns bemühen, fröhlich zu sein?«

»Ja!«

»Entschuldigung, Meister, aber damit bin ich nicht einverstanden. Wir essen gut, wir schlafen gut auf einem bequemen Lager, wir finden nicht zu viele Flöhe in unserem Mönchsgewand, wenn wir morgens aufstehen. Die Sonne ist heiß, die Vögel singen, es gibt genügend Mäuse, wir sind glücklich. Das bedeutet überhaupt keine Mühe!«

»Auf dieser Etappe des Edlen Achtfachen Pfads wird von uns gefordert zu lächeln, egal wie die Umstände sind. Wenn jeder von uns lächeln würde, hätte sich die Welt bereits verändert.«

»Aber das ist Heuchelei …«, murmelt Taneda.

»Es geht nicht darum, sich zu verstellen, sondern die eigenen Quellen des Lächelns und der Freude anzuzapfen.«

Der Schüler macht ein trotziges Gesicht und antwortet nicht.

»Nehmen wir einmal ein Beispiel«, sagt Koyabashi geduldig. »Bist du heute Morgen glücklich? Hast du Lust zu lächeln?«

»Nein!«

»Warum nicht?«

Taneda antwortet nicht und blickt weiterhin griesgrämig drein.

»Ich werde die Frage für dich beantworten: Heute ist es kalt. Es regnet. Der Weg ist lang. Das Essen wird karg sein. Du *erwartest* etwas anderes …«

»Ja!«, ruft der Schüler aus. »Es ist Frühling, fast schon Sommer. Ich dachte, ich erwartete, dass …«

»Genau, du *erwartetest*! Wir alle hoffen, dass die Ereignisse, die anderen sich unseren Wünschen anpassen. Aber die Ereignisse sind unvorhersehbar, und die anderen tanzen im Takt ihrer eigenen Freiheit. Wir müssen im Einklang mit der Welt leben, so wie sie ist, die Gegenwart annehmen, das Wunder des Augenblicks. Jede Sekunde zeigt im Vergehen die Unendlichkeit, erzählt von der Schönheit des ewigen Atma.«

»Ich weiß nicht …«, nörgelt Taneda. »Wenn mir langweilig ist, bin ich traurig. Wenn alles gut läuft, bin ich glücklich und lächle.«

Der Meister sagt kein Wort. Sie wandern schweigend unter dem tief hängenden Himmel dahin. Man hört nichts als das Geräusch ihrer Schritte auf der nassen Straße und in der Ferne den melancholischen Schrei des Kuckucks, der am Frühling verzweifelt. Dann beginnt Koyabashi mit leiser Stimme eine Geschichte zu erzählen:

»Zu Beginn meines Noviziats kannte ich einmal eine Siamkatze. Sie war Nonne und hatte den weichen Namen Oyosha. Auf Geheiß des Abtes des Klosters begleitete ich sie eines Morgens zu einem Einsiedler, der für seine Heilgabe bekannt war. Die Katze litt unter einer mysteriösen Krankheit, die sie seit mehreren Monaten quälte. Von Tag zu Tag wurde sie dünner und schwächer. Sie konnte sich nicht einmal mehr in der Küche des Klosters nützlich machen. Während wir dahinwanderten, sah ich sie verstohlen an. Sie lächelte. Der Weg war lang, und ich begann mich mit ihr zu unterhalten. Sie hörte sich meine kleinen momentanen Sorgen mit Geduld und großer Aufmerksamkeit an. Ich verstand mich nicht gut mit einem bestimmten Novizen, der im Schlafsaal im Bett neben mir lag. Ich vergaß ihr Schicksal und redete und redete … Schließlich sagte ich zu ihr:

›Entschuldigen Sie bitte, ich erzähle nur von mir, obwohl Sie selbst bestimmt auch leiden …‹

›Ich werde das Kloster und meine Klosterschwestern nicht wieder sehen. Ich werde unterwegs sterben‹, sagte sie schlicht.

Ich sah sie verblüfft und betroffen an.

›Man muss liebenswert sterben, wenn man kann‹, fügte sie lächelnd hinzu.

Und tatsächlich starb sie kurze Zeit später. Ich habe sie nie vergessen.«

Koyabashi hört auf zu sprechen. Sie gehen beide schweigend nebeneinander her, der Schüler und der Meister, und man hört nichts als den dumpfen Klang ihrer Schritte auf dem nassen Boden.

»Kennst du das folgende Sprichwort, Taneda? ›Der Weg bleibt der gleiche, egal, ob man ihn singend oder weinend zurücklegt.‹«

Sie lächeln. Sie setzen ihren Weg im Regen fort, der die Felder dunkel färbt, auf die Blätter der Bananenstauden prasselt und die Zweige der Kirschbäume erzittern lässt.

RECHTES HANDELN

Du weißt, Taneda, dass ich gerne rede …«

»Oh ja, Meister! Wenn wir in einem Dorf Halt machen und der Dorfvorsteher eine Versammlung organisiert, erfreuen Sie uns mit wunderbaren Predigten über den Zen. Diese ergänzen Sie mit Geschichten sowie freundlichen, trostreichen Worten …«

»Ja, sicher, aber manchmal plaudere ich auch nur, so wie man manchmal schnurrt, ohne besondere Absicht …«

»Sie, Meister? Reden, ohne etwas zu sagen? Das kann ich nicht glauben«, erwidert Taneda spitzbübisch.

»Um es kurz zu machen«, fährt Koyabashi etwas gereizt fort, »es gibt eine Zeit, um zu reden, eine Zeit, um zu meditieren und zu schweigen, und eine Zeit, um zu *handeln*!«

»Ja, Meister«, stimmt der Schüler gehorsam zu.

»Unsere heutige Etappe auf dem Edlen Achtfachen Pfad beinhaltet das rechte Handeln. Es bedeutet, andere nicht zu verletzen, nicht auszubeuten, ihre Schwächen nicht auszunutzen, der Welt kein Leid zuzufügen, sondern im Gegenteil, sie mit all unserer Kraft zu unterstützen!«

»Ja, Meister«, sagt Taneda und schüttelt ernst den Kopf.

Die beiden Mönche rasten im Hof eines Klosters, in dem sie genächtigt haben. Sie haben gut gefrühstückt und sitzen nun, in Ruhe miteinander plaudernd, im Gras, bevor sie sich wieder auf den Weg machen. Obwohl es noch früh am Morgen ist, scheint die Sonne bereits grell, und ein leichter Wind bringt die Blätter der Bananenstauden sanft zum Schwingen. Plötzlich nähert sich ihnen eine Nonne, die ganz außer Atem ist:

»Ich hatte befürchtet, dass Sie schon fort sind! Kommen Sie schnell, Meister! Eine unserer Schwestern hat zu viel Sake getrunken. Sie droht damit, die Klosterkatze in den Suppentopf zu werfen!«

»Oh!«, ruft Taneda entrüstet.

Die beiden Reisenden begeben sich hastig an Ort und Stelle.

»Halten Sie ein, meine Schwester«, ruft der Meister energisch. »Sie sind im Begriff, eine unrechte Handlung zu begehen!«

Die Nonne, eine starke Frau, deren Augen aufgeregt funkeln, erkennt den Meisterkater und hält inne. Sie senkt den Kopf, während Koyabashi mit ernster Stimme fortfährt:

»Das Gesetz des Buddha verbietet uns, andere Lebewesen zu misshandeln und zu verletzen!«

»Sie hat mein Stück Reiskuchen gestohlen«, murmelt die Nonne.

»Meine Schwester, erinnern Sie sich an die Güte des heiligen Mönchs Ryokan, unseren Meister. Er lehnte es ab, Mücken, Flöhe und selbst Läuse zu töten, die ihn in der Nacht plagten. Und der große Dichter Issa schreibt:

Wie der Buddha
würde ich mich zur Tag- und Nachtgleiche
von der Mücke stechen lassen.

Und hier der letzte Spruch über das Mitgefühl:

Auch ihr Läuse
werdet einmal
die Blüten des Kirschbaums sehen.«

Während dieser Ermahnung ist die Äbtissin eingetroffen. Sie hat schweigend zugehört und schickt die Nonnen nun mit einer Geste hinaus. Sie wendet sich Koyabashi zu:

»Geehrter Fremder, ich danke Ihnen für die strenge Ermahnung unserer schuldigen Schwester. Aber wir haben gerade einen *Sesshin* beendet. Sie kennen das Ritual: Um vier Uhr morgens aufstehen … die Nonnen legen schweigend ihre Futons zusammen und eilen zu den Waschräumen. Dann begeben sich die schwarzgewandeten Gestalten zum ersten *Zazen* des Tages in den Meditationssaal. Um fünf Uhr gibt es ein karges Frühstück, etwas Reis, heißes Wasser anstelle von Tee, und während der *Tenzo* in der Küche aktiv ist, kehren und putzen die Schwestern. Kurz darauf wird der Zazen fortgesetzt. Acht Stunden verharren sie in einer Position, die für viele unbequem ist, ohne einen Muskel zu bewegen, ohne an etwas anderes als die Lösung von *Koans* zu denken, ohne ein anderes Geräusch als das des Erweckungsstabs, der auf die eingesunkenen Rücken schlägt und die Unaufmerksamen und Müden so zurechtweist!«

»Ja«, sagt Koyabashi, der ruhig zugehört hat.

»Man muss verstehen, dass die Nonnen und Mönche, die wieder zu uns stoßen, nach dieser anstrengenden Woche einen Erholungstag nötig hätten.«

»Ich weiß«, sagt der Meister, der sich daran erinnert.

»Ich denke, dass ich angemessen handle, wenn ich den Nonnen und den paar Mönchen am Ende des Sesshins erlaube, gegen die üblichen Regeln zu verstoßen …«

»Zum Beispiel Sake zu trinken?«, fragt Taneda mit leuchtenden Augen.

»Ja«, sagt die Äbtissin.

Sie ist eine Frau von zirka 50 Jahren mit geschorenem Kopf, einer schwarzen Robe mit langen Ärmeln und Sandalen an den nackten, gebräunten Füßen. Sie sieht ernst aus, beinahe hart. Sie ist für ihre große Entschlossenheit bekannt, und Koyabashi weiß das. Sie fügt hinzu:

»Manche Klosterschwestern gehen in die Stadt, einige Mönche, so wurde mir erzählt, betrinken sich am Tag nach einem Sesshin, und manche ziehen sich Zivilkleidung an, um Prostituierte aufzusuchen.«

»Oh«, sagt Taneda, »Prostituierte!«

Der Meister sagt nichts. Die Äbtissin grüßt sie, indem sie als Zeichen des Respekts die Hände vor der Stirn zusammenlegt, und wünscht ihnen eine gute Reise. Sie verbeugen sich ihrerseits. Auf ihrem Weg hüllen sie sich lange in nachdenkliches Schweigen. Schließlich wendet Koyabashi sich seinem Schüler zu.

»Sieh mal, Taneda, das rechte Handeln lässt sich nicht im Vorhinein definieren. Es hängt von den Umständen ab. Wir sollten es nicht voreilig bewerten. Es kann darin bestehen zu meditieren oder zu schweigen, es kann auch darin bestehen …«

»Zu Prostituierten zu gehen?«, unterbricht der Schüler schelmisch.

»Wer weiß, Taneda, wer weiß …?«

UNTER DEN BLÜTEN DES KIRSCHBAUMS
DIESE KRABBELNDE, WIMMELNDE MENGE:
DIE MENSCHHEIT.

ISSA

RECHTE ACHTSAMKEIT

Kikaku wagte sich zum ersten Mal auf die Dächer. Er nahm aufregende neue Sinneseindrücke wahr; eine Vielzahl von Düften kitzelten seine Nase. Die Sonne brannte heiß … Eine Katze lief an ihm vorbei, eine reizende Katze, deren Anblick ein unbekanntes Gefühl in ihm auslöste. Er rannte ihr hinterher, um sie kennen zu lernen, aber ein alter Kater tauchte von irgendwoher auf, stürzte sich auf ihn und biss ihn brutal in den Hals. Vor Schmerz stieß er einen Schrei aus …«

Koyabashi unterbrach das Vorlesen, rückte seine Brille zurecht und wollte wissen:

»Was hältst du von dieser Geschichte, Taneda?«

»Meister, dieser Kater ist ein Dummkopf!«

»Der Kater ist sehr jung, er hat noch nie die Wohnung seiner Besitzer verlassen …«

»Und alles überrascht ihn!«

»Ja, er weiß nichts über das Leben auf den Dächern und nichts über Liebesduelle. Alles versetzt ihn in Erstaunen, deshalb ist er sehr *aufmerksam*!«

»Ja, Meister«, sagt Taneda ohne Begeisterung.

Seit sie den Tempel mit den Mönchen verlassen haben, die heimlich zu Prostituierten gingen, kommt der Weg Taneda vergeblich vor. Es ist heiß, sehr heiß. Der Sommer ist fast da. Die Bauern auf den Feldern interessieren sich kaum für sie, und die Kost ist mager. Der Meister ist sich der Stimmung seines Schülers überhaupt nicht bewusst. Er fährt fort:

»Die Achtsamkeit, die als rechte Achtsamkeit bezeichnet wird, ist eine große Etappe auf dem Pfad. Abgesehen von den Momenten, in denen wir eine große Neuerung erleben, außergewöhnlichen Augenblicken, leben wir wie Schlafwandler. Wir sind uns weder unserer selbst gewahr noch sind wir uns des Hier und Jetzt bewusst!«

»Apropos, Meister«, fragt Taneda, der nur mit halbem Ohr zugehört hat, »wohin gehen wir heute?«

»Wir sind da«, erklärt Koyabashi feierlich.

»Wie das?«, fragt der Schüler plötzlich hellwach und verdutzt.

»Ja, Taneda, wenn wir die rechte Achtsamkeit praktizieren, wenn wir uns ganz auf die Gegenwart ausrichten, wenn wir die Blume wahrnehmen, den Wind, den Vogel, die Sekunde, die gerade verstreicht, ohne uns in Vergleiche zu flüchten, in Wünsche, Gedanken des Bedauerns, in die Zukunft oder die Vergangenheit, wenn wir gleichzeitig von den flüchtigen Formen gelöst und mit ihnen im Einklang sind, dann sind wir wahrhaftig. Der Zen befindet sich nicht am Ende des Weges, Zen ist der Weg.«

Taneda antwortet nicht. Er weiß sehr wohl, dass der Meister Recht hat. Aber die Sonne ist so heiß, dass sie mit gesenktem Haupt gehen, und die Straße kennt kein Erbarmen mit den müden Beinen und den leeren Mägen. Er weiß es, aber es hilft ihm nicht. Plötzlich fällt ihm aus heiterem Himmel ein Haiku eines großen Dichters ein, der ein Schüler Bashōs war. Tanedas Mutter hatte diesen Haiku manchmal rezitiert:

Man sammelt
die Knochen des Todes.
Die Veilchen empfinden Mitleid.
Yosa Buson

Der Schüler blickt wohl recht melancholisch drein, denn plötzlich ruft der Meister:

»Nur Mut, Taneda, ich sehe dort hinten die Dachschräge des Hauses von einem Freund. Wir werden heute Abend eine schöne Herberge und eine gute Mahlzeit haben. Oshiburu ist sehr großzügig …«

»Ist das wahr, Meister?«, fragt Taneda erfreut.

»Sieh mal einer an, du hast mich tatsächlich gehört? Ich dachte, du seist komplett in Gedanken versunken«, sagt der Meister frotzelnd.

»Ja, aber …«, stammelt Taneda.

»Als ich von der schönen Herberge und dem guten Essen gesprochen habe, hast du die Funktion deiner Ohren wieder entdeckt.«

»Ich praktiziere die rechte Achtsamkeit!«, meint Taneda mit Unschuldsmiene.

Als sie an der Tür des reichen Kaufmanns Oshiburu ankommen, lachen sie immer noch.

RECHTE SAMMLUNG

An einem Sommermorgen machen die beiden Reisenden Halt in einem berühmten Tempel in der Nähe des Flusses Tonegawa. Niemand befindet sich in dem weitläufigen Meditationssaal. Die Mönche sind mit der Feldarbeit beschäftigt. Koyabashi und Taneda praktizieren Zazen. Sie haben den halben Lotussitz eingenommen: Die Pfote des linken Hinterbeins liegt unter dem rechten Schenkel, die Pfote des rechten Hinterbeins liegt auf dem linken Schenkel. Der Rücken ist gerade, das Kinn leicht zurückgenommen, so dass die Halswirbel gestreckt werden. Die Vorderpfoten liegen im Schoß, die rechte oben, die linke darunter, so wie es im Land der aufgehenden Sonne üblich ist.

Vor dem Beginn der Sitzung liest Koyabashi einen Auszug aus der Bhagavadgita vor.

So wie der Wind ein Schiff
auf dem Wasser mit sich fortträgt,
so bringt ein flatterhafter Sinn den Geist auf Umwege
und lenkt die besten Gedanken von ihrem Kurs ab.
Sobald ein Mönch seine Sinne ausschalten kann,
bezeichne ich ihn als: Erleuchteten.

Außerdem gibt Koyabashi Taneda noch folgenden Hinweis: »Taneda, wenn du auf dem Pfad vorwärts kommen möchtest, solltest du dem Rat des großen Weisen Patanjali folgen und dich bemühen, alle geistigen Kräfte zu bündeln. Halte deine Aufmerksamkeit auf einen einzigen Punkt gerichtet. So wirst du die rechte Sammlung erreichen.«

»Meister, meine Gedanken schweifen ab. Sie springen wie kleine Zicklein von einer Idee zur nächsten, von einem Gefühl zum anderen, wie soll ich sie beieinander halten?«

»Stell dir vor, dass du auf der Lauer liegst. All deine Sinne sind geschärft, deine Augen sind auf deine Beute geheftet, deine Ohren nach vorne ausgerichtet, dein Becken schwingt sanft hin und her, damit du besser auf den blitzschnellen Sprung vorbereitet bist. Du hast dein Gewicht fast völlig auf die Hinterbeine verlagert, dein Rücken ist wie eine Kuppel gewölbt, und es gibt kein einziges Schnurrhaar, das nicht vor lauter Spannung erzittert. Du bist also absolut konzentriert!«

»Ja, Meister, aber ich sehe hier weder eine Maus noch eine Ratte …«

»Hör zu, Taneda«, sagt der Meister entmutigt, »ich werde dir einen Koan geben. Das wird dir helfen.«

»Gut, Meister.«

»Hier ist also dein Koan«, sagt Koyabashi nach kurzer Überlegung: »Was ist eine Mahlzeit, ohne jegliche Nahrung?«

Der Schüler sieht seinen Meister verdutzt an. Aber Koyabashi wiederholt mit ernster Stimme:

»Das ist dein Koan. Meditiere darüber und sammle dich!«

Als der Meister sich versichert hat, dass Taneda den halben Lotussitz korrekt eingenommen hat und mit halb geschlossenen Augen, ohne zu blinzeln die Wand vor sich anstarrt, beschließt er, dasselbe zu tun:

»Ich bräuchte auch einen Koan, aber welchen von den 1700 klassischen überlieferten soll ich auswählen? Ich werde einen erfinden, der zur Situation passt.«

Nach einer Stunde des Schweigens betritt ein Mönch zufällig den großen Meditationssaal. Er erblickt zwei Katzen in halber Lotushaltung, die Zazen praktizieren. Beeindruckt von ihrer inneren Sammlung, verbeugt er sich mit vor der Stirn zusammengelegten Händen und zieht sich diskret wieder zurück. Hätte er wahrnehmen können, was in ihrem Inneren vor sich geht, wäre er angesichts der Gedankengänge der beiden Mönche überrascht gewesen.

Taneda wiederholt immer wieder: »Wie soll man sich eine Mahlzeit ohne Fleisch, ohne eine Maus oder Ratte, ohne Katzengras, ohne Kekse, Milch, Käse oder Reiskuchen vorstellen?«, und ihm läuft heimlich das Wasser im Maul zusammen, während er sich all diese Köstlichkeiten ausmalt …

Koyabashi kämpft ebenfalls mit dem von ihm selbst erfundenen Koan: »Was ist ein Meister ohne Schüler?« Und obwohl er sich sehr bemüht, verspürt er ein Gefühl des Verlusts und beinahe des Kummers.

»Es liegt daran, dass ich den einfältigen Taneda nun einmal gerne mag«, sagt er zu sich selbst und er erinnert sich gerührt an dessen Dummheiten. »Ob ich ihm ein guter Meister gewesen bin?«, fragt er sich.

Von der rechten Anschauung bis zur rechten Sammlung – zumindest sind wir dem Edlen Achtfachen Pfad gefolgt … Was das Ergebnis betrifft, so ist es, »als ob wir unsere Hoffnungen auf einen Pfeil setzen würden, den wir in die Luft geschossen haben«, sagte der chinesische Meister Yoka Genkaku. Nur Buddha kennt die Antwort.

DIE
SECHS
VOLLKOMMENHEITEN

FREIGEBIGKEIT

Im großen Gemeinschaftssaal breitet sich die Dunkelheit aus. Eine Feuerstelle erleuchtet den Raum schwach. Die Bauern haben nach der harten Arbeit auf dem Feld ihre schweren Strohbündel am Eingang abgelegt und sich um das Feuer geschart. Nun trinken sie Tee und hören aufmerksam zu, als die tiefe, belegte Stimme des Erzählers sich im Rhythmus des vertrauten Singsangs erhebt.

»Diese Geschichte stammt aus der Vergangenheit. Es waren einmal zwei Brüder, die in einem Dorf in einer Provinz im Süden lebten. Als ihr Vater starb, bemächtigte sich der raffgierige ältere Bruder des gesamten Habes der Familie und überließ es seinem Bruder, einem armen Holzhacker, sich um seine Mutter und seine Schwestern zu kümmern …

An einem Herbstmorgen arbeitete der Jüngere im Wald, als ihm plötzlich eine Eichel vor die Füße fiel. Er sagte zu sich selbst:

›Ei, diese Eichel werde ich meiner jüngeren Schwester schenken.‹

In diesem Moment sagte eine Schildkröte, die er noch nicht bemerkt hatte, ebenfalls:

›Ei, diese Eichel werde ich meiner jüngeren Schwester schenken.‹

Der Holzfäller war verwundert, glaubte aber, dass er sich das Ganze eingebildet habe, und setzte seine Arbeit fort.

Da fiel ihm eine schöne Esskastanie, die in ihrer halb geöffneten Schale glänzte, vor die Füße.

›Ei‹, sagte er laut, ›diese schöne Esskastanie werde ich meiner älteren Schwester schenken.‹

Die Schildkröte hielt sich halb unter einer Eiche versteckt und wiederholte:

›Ei, diese schöne Esskastanie werde ich meiner älteren Schwester schenken.‹

Und als der Holzfäller etwas Heidekraut fand, sagte er ein drittes Mal:

›Ei, ich werde meiner Mutter dieses Heidekraut schenken. Darüber wird sie sich freuen.‹

Die Schildkröte sagte es ihm erneut nach:

›Ei, ich werde meiner Mutter dieses Heidekraut schenken. Darüber wird sie sich freuen.‹

Der Holzfäller entdeckte den Platz, woher die Stimme kam. Er fand die Schildkröte und nahm sie mit nach Hause. Die Neuigkeit verbreitete sich rasch im Dorf und drang bis zum Provinzgouverneur vor. Jeder wollte die sprechende Schildkröte hören, und alle Besucher gaben ihren Obolus. Der jüngere Bruder wurde bald so reich, dass er seiner Mutter und seinen Schwestern ein schönes Haus schenken konnte. Er führte fortan ein sorgenfreies Leben. Der ältere Bruder erfuhr von dem neuen Reichtum des jüngeren und suchte ihn auf:

›Leihe mir die sprechende Schildkröte‹, sagte er. ›Das bist du deinem älteren Bruder schuldig!‹

Der Jüngere war nicht nachtragend und da er ein reines Herz hatte, war er sofort einverstanden. Er vertraute die wundersame Schildkröte seinem älteren Bruder an. Aber als sie in ihrem neuen Heim war, weigerte sich die Schildkröte, auch nur ein einziges Wort zu sprechen. Sie konnte durch nichts dazu gebracht werden, weder durch Drohungen, noch durch inständiges Bitten, noch durch Schläge. Der ältere Bruder war erbost und in einem Wutanfall tötete er das Tier. Kurz darauf schlug der Blitz in sein Haus ein, und er verlor all sein Hab und Gut. Voller Reue suchte er seinen Bruder auf. Dieser verzieh ihm und schenkte ihm die Hälfte seines Vermögens. So wurde die Geschichte überliefert.«

Die Stimme des Erzählers ist verstummt. Die Bauern sind einer nach dem anderen nach Hause gegangen. Koyabashi und Taneda haben, auf ihren *Tatamis* sitzend, andächtig gelauscht. Der Herbst ist gekommen. Sie haben in diesem Dorf eine Herberge für die Nacht gefunden. Als sie alleine sind, sagt der Meister:

»Siehst du, Taneda, das ist eine großartige Geschichte. Sie veranschaulicht auf wunderbare Weise das erste der sechs *Paramitas*, die Großzügigkeit. Ah, die Großzügigkeit«, fügt er begeistert hinzu, »welch tugendhafte Gabe, welch noble Geste, welche Edelmütigkeit des Herzens, oh Großzügigkeit, du nachgeborene Tochter der Liebe!«

»Was bedeutet ›nachgeborene‹?«, fragt Taneda.

»Die jüngere Tochter, die nachgeborene, die nach der älteren kommt. Aber darum geht es nicht … Welch wunderbares Beispiel der Großzügigkeit, findest du nicht, Taneda?«

»Und was ist mit der älteren Tochter?«

»Welche ältere Tochter?«

»Nun, die ältere Tochter der Liebe, Meister!«

»Ich weiß es nicht, vielleicht wäre es das Mitgefühl … Aber darum geht es nicht!«, sagt Koyabashi ungeduldig.

Als er den verdutzten Gesichtsausdruck seines Schülers sieht, seufzt der Meister entmutigt:

»Lass uns schlafen, Taneda. Die Etappe morgen wird lang sein.«

Alle beide wickeln sich in eine Decke ein und schlafen auf ihren Tatamis, während im großen Saal der letzte Schimmer des Feuers zu sehen ist und in der Ferne die Geräusche des Dorfes zur Ruhe kommen.

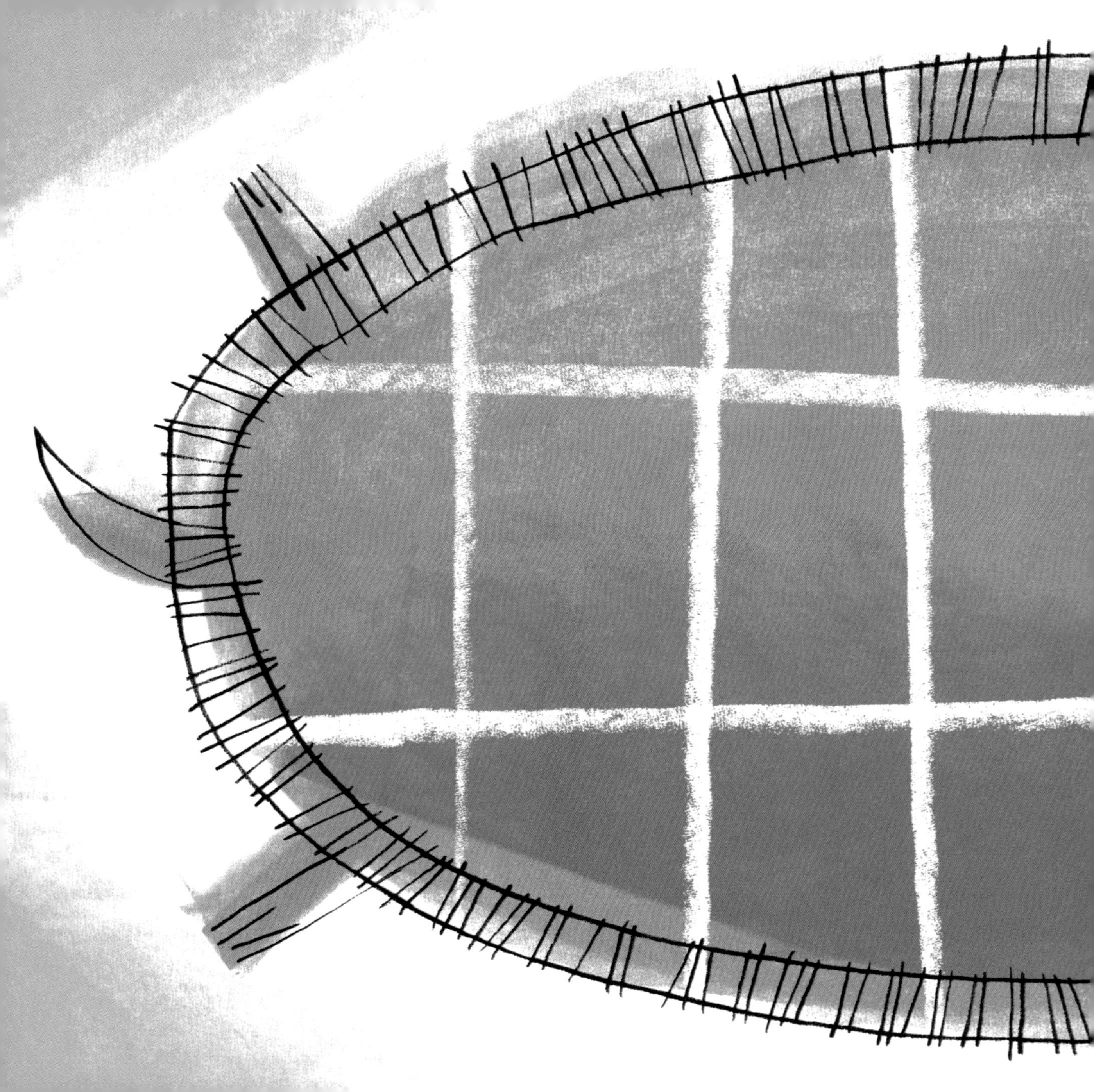

GEDULD

Hört mir zu, hört mir alle zu …«, sagte ein Kater, ein Zenmönch von noblem Aussehen. Ich richte mich an euch, ihr Perserkatzen, Siamkatzen, Birmakatzen und ihr Mischlinge ohne eindeutige Rasse, und ich wende mich auch an unsere entfernten Cousins, die Katzen mit den kurzen Schwänzen auf der Isle of Man: hört mir alle zu, ihr Dicken und Dünnen, Jungen und Alten, Großen und Kleinen … Wir sind die Vorreiter par excellence, die Perlen, die vollendeten Vertreter des zweiten Paramita, der Tugend der Geduld! Wir verfügen über Ausdauer, Mut, Langmut, Durchhaltevermögen … man muss es gesehen haben, wie wir – die Augen auf gleicher Höhe mit den Schnurrhaaren – der Beute auflauern: der Maus vor ihrem Loch, dem silbern glänzenden Fisch an der Oberfläche des Wassers, dem Vogel auf dem Ast, nur einen Augenblick lang in dieser Position …«

»Großartige Rede!«, ruft Koyabashi und applaudiert dem Sprecher mit beiden Pfoten. Und an seinen Schüler gerichtet, fügt er hinzu:

»Die Geduld, welch bewundernswerte Tugend!

Setze dich hin, tue nichts.
Der Frühling kommt,
das Gras wächst von ganz alleine.
Zenspruch

»Entschuldigung, Meister, aber nicht der Frühling kommt, sondern der Herbst … und wie sagte einst der große Dichter Bashō«:

Ein kühler Wind,
der Mond des dritten Tages
auf dem Berg Haguro.

Taneda sieht seinen Meister von der Seite an. Er erwartet zurecht ein Lob für dieses schöne Zitat:

»Ich weiß deine Gedichtkenntnis zu schätzen«, seufzt Koyabashi. »Aber dieser Haiku hat überhaupt nichts mit der Tugend der Geduld zu tun!«

Der Weg, den sie an diesem Morgen eingeschlagen haben, führt, wie so häufig in Japan, an der Küste entlang. Sie sehen Strände, gestern noch voller Leben, heute völlig verlassen. Einsame, melancholische Küsten. Der Herbst kommt, dieser Frühling ohne Ungeduld. Und da sein Schüler mit gesenktem Kopf etwas schmollt, beweist der Meister Langmut und sagt liebevoll:

»Taneda, ich werde dir eine Geschichte des Zenmeisters Suiwo erzählen. Er war der Schüler des großen Hakuin, der vor allem die Tugend der Geduld liebte …

Zu jener Zeit leitete Suiwo ein Sommer-Meditationsseminar. Ein Novize, der von einer Insel im Süden stammte, zeigte eine außergewöhnliche Begabung. Suiwo gab ihm die Aufgabe, den Koan der einen klatschenden Hand[3] zu lösen. Der junge Mönch versuchte mit ganzem Herzen die Lösung zu finden, doch es gelang ihm nicht. Er verlängerte seinen Aufenthalt und blieb den ganzen Sommer, er blieb den Herbst und den Winter, bis zum folgenden Frühling. Ohne Ergebnis. Eines Nachts ging er weinend zu Suiwo.

3 Koan einer klatschenden Hand: Du kennst das Geräusch, das zwei klatschende Hände erzeugen; wie klingt eine einzelne klatschende Hand?

›Meister‹, sagte er, ›ich bin nun seit fast einem Jahr hier und ich muss in mein Kloster zurückkehren. Ich werde voller Scham gehen, denn ich konnte den Koan nicht lösen.‹

›Hab noch eine Woche Geduld!‹, riet ihm Suiwo ohne seine Meditation zu unterbrechen.

Die Woche verging, doch der Koan blieb weiterhin ungelöst.

›Versuche es noch eine Woche!‹, sagte der Meister.

Es war umsonst.

›Sei geduldig, meditiere noch eine Woche!‹, sagte der Meister.

Noch immer kein Ergebnis.

›Nun muss ich gehen‹, sagte der Schüler verzweifelt.

›Warte noch fünf Tage!‹, bat ihn der Meister inständig.

Fünf Tage verstrichen. Der Schüler verabschiedete sich vom Meister. Er sann über seinen Misserfolg nach und wollte sich gerade auf den Weg machen, als der Meister plötzlich sagte:

›Noch drei Tage, lieber Okusu, ich bitte dich nur noch um drei Tage Geduld, danach werde ich dich gehen lassen …‹

Der Mönch meditierte. Am zweiten Tag, als die Morgendämmerung den Saal des Klosters erhellte, erreichte er den *Satori*.«

DISZIPLIN

Das dritte *Paramita* ist die Disziplin, eine ungeheuer wichtige Tugend. Die Praxis der Disziplin ist notwendig, um sich den anderen anzupassen, um Ordnung in unser Leben zu bringen.«

»Puh …«, stöhnt Taneda.

»Du bist nicht überzeugt? Aber ohne Disziplin lösen sich die anderen Tugenden wie Rauch auf. Nichts funktioniert, nichts kann sich entfalten, nichts ist von Dauer. Ohne diese Tugend kann keine spirituelle Entwicklung stattfinden.«

»Vielleicht …«, sagt Taneda ohne Begeisterung.

»Ich erinnere mich an einen Tag, an dem ein Mönch aus dem Okzident ins Kloster kam, in dem ich Novize war …«

»War es ein *Bodhisattva*«, fragt Taneda plötzlich interessiert.

»Ich weiß es nicht … er war ein sehr seltsamer Mensch. Er hatte blonde Haare, eine lange Nase und einen eigenartigen Geruch. Er erzählte, dass in seinem Kloster ein bestimmtes Gebot herrschte: Die Regel des heiligen Benedikt. Sie verlangt ›Gehorsam ohne zu zögern‹: Schnell, ohne abzuwarten, müssen die Mönche alles, was sie gerade tun, unvollendet stehen und liegen lassen und ihrem Abt gehorchen … in einem einzigen Moment folgen die Anweisung und die Ausführung aufeinander.«

»Und die Mönche befolgen diese Regel?«

»Ja, dank dieser Regel erleben diese Mönche des Okzidents, die man Benediktiner nennt, seit dem sechsten Jahrhundert eine Blüte und sie erreichen ein hohes Maß an Spiritualität.«

»Kennen sie die Erleuchtung?«, fragt Taneda.

»In ihrer Sprache wird sie als die Liebe Gottes bezeichnet …«

Die beiden Reisenden erreichen an diesem Morgen ein Zentrum der Kampfkunst, das von einem gewissen Osaku Tesshin geleitet wird, und Koyabashi entschließt sich, dort Halt zu machen. Die Kunst des Bogenschießens, die dort gelehrt wird, veranschaulicht auf wunderbare Weise die Schönheit und Notwendigkeit der Disziplin. Der Hausherr empfängt sie freundlich.

»Es ist ein schwieriger Weg zur ›Kunst ohne Kunst‹«, erklärt er. »Es erfordert eine nicht nachlassende Disziplin!«

»Ich kann Bogenschießen«, bekräftigt Taneda. »Ich habe als Kind auf Vögel geschossen und mich dabei recht geschickt angestellt …«

Der Meister lächelt und legt dem Schüler einen Bogen in die Pfoten:

»Schieß bitte«, sagt er und deutet auf eine Zielscheibe, die zirka 20 Meter entfernt ist.

Taneda legt den Pfeil ein, spannt den Bogen, schießt und verfehlt das Ziel völlig.

»Wir sind hier, um zu lernen«, entschuldigt sich Koyabashi und wirft seinem Schüler einen zornigen Blick zu.

Der Meister des Bogenschießens ist gleichmütig geblieben. Bedächtig erklärt er:

»Unsere Kunst umfasst drei wesentliche Momente, die so gut miteinander verbunden werden, dass daraus nur ein einziger entsteht: Die Reinigung, gefolgt von einer besonderen Atmung, die von der inneren Sammlung begleitet wird. Das In-die-Hand-nehmen des Bogens: Man ergreift den Bogen, legt den Pfeil sorgfältig ein, hebt den Bogen, spannt ihn. Jede Bewegung wird von einem tiefen Einatmen begleitet. Dann hält man den Atem mit vollen Lungen an und schließt mit einer langsamen Ausatmung ab. Schließlich folgt der Schuss: Der Schuss auf die Zielscheibe. Dies ist der entscheidende Moment, da man zuvor ›im Geiste schießen‹ muss. Das setzt ein völliges Vergessen des eigenen Egos voraus. Völlig entspannt, ohne Ehrgeiz, ohne Stolz, ohne sich um das Ziel zu kümmern, gleichgültig gegenüber dem Leben und dem Tod schießt man, ohne zu zielen. Nicht mehr ich bin es, der schießt, es ist vielmehr ›etwas, das schießt‹ …«

Mit diesen Worten nimmt der Meister Taneda sanft den Bogen aus der Pfote, hebt ihn über seinen Kopf, spannt ihn und schießt den Pfeil mit geschlossenen Augen ab. Dieser trifft genau in die Mitte der Zielscheibe.

»Das ist ein Wunder!«, ruft Taneda aufgeregt.

»Nein«, sagt der Meister, »es ist der Ausdruck der Wahrheit, die allen Wahrheiten überlegen ist, der formlose Ursprung aller Ursprünge …«

Und da die beiden Besucher ihn fassungslos und ehrfürchtig ansehen, fügt er schelmisch hinzu:

»Es ist das Ergebnis 30-jähriger täglicher Übung.«

»Ach so«, sagt Taneda, etwas gefasster.

Und damit entfernen sie sich nachdenklich von diesem Ort, die Zenmönche, der Meister und der Schüler …

ENTSCHLOSSENHEIT

Entschlossenheit: Das ist Standhaftigkeit angesichts von Gefahr, Tapferkeit und manchmal Furchtlosigkeit. Aber auch das, was ein großer Weiser des Okzidents, Thomas von Aquin, als *Fortitudo* bezeichnet hat, die Kraft des Geistes, um Dinge anzugehen und bei allem stets durchzuhalten …«

»Ihr seid gelehrt, Meister!«, sagt Taneda bewundernd.

Die beiden Katzenmönche plaudern in der Klarheit des Morgens miteinander. Koyabashi ist überaus sanftmütig gestimmt.

»Schau, Taneda, ohne Entschlossenheit verblassen die anderen Tugenden und verschwinden bald darauf ganz. Ohne Entschlossenheit ist der Zen nichts weiter als ein Traum vom Zen!«

»Bravo, Meister«, ruft der Schüler, »wie gut Sie reden können!«

Als er seinen Satz gerade beendet hat, hören sie ein Kichern. Ein Kater mit einem Bündel über der Schulter stößt zu ihnen. Er sieht nicht wie ein Mönch aus, ist alt, mit Narben übersät und verdreckt. Sein Fell ist struppig, und seine Schnurrhaare wirken strähnig. Er gehört zu den vagabundierenden Katzen, die über die Felder ziehen. Ein Herumtreiber ist er, ein Soldat ohne Kriegsherr, eine Wildkatze. Instinktiv haben sich die beiden Reisenden dicht aneinander gedrängt.

»Ich habe euch über die Entschlossenheit reden gehört!«, sagt der Eindringling. »Erlaubt mir, den großen Dichter Issa für euch zu zitieren:

Wunderbarer Mut:
Aufrecht stehend
in einem Hagelschauer pinkeln!«

Wieder kichert er.

»Hören Sie, mein Herr«, sagt Koyabashi, »wir sind zwei Zenmönche und aus Überzeugung friedliebend. Wir sind auf dem Weg zu unserem Kloster in Edo, wir suchen keinen Streit …«

»In Wirklichkeit seid ihr Feiglinge, wie es bei euresgleichen stets der Fall ist, und ihr habt zu weiche Krallen. Kommt mir daher nicht mit Mut, ihr wisst ja nicht einmal, was das ist!«

»Was erlauben Sie sich eigentlich?«, entgegnet Koyabashi, und sein Fell sträubt sich.

Blitzschnell schlägt der Streuner seinen Mantel zurück, so dass ein langer Säbel sichtbar wird, der an seiner Seite hängt.

Bestürzt hält Taneda seinen Meister am Ärmel fest. Die beiden Kater stehen sich einen Moment lang kampfbereit gegenüber, da macht der Soldat glücklicherweise abrupt kehrt und wirft seinen Bettelsack über die rechte Schulter.

Nach diesem Vorfall schweigen die beiden Mönche einen Augenblick lang. Dann prusten sie plötzlich lachend los:

»Sie haben schrecklich ausgesehen, Meister«, ruft Taneda. »Wenn unsere Brüder Sie so gesehen hätten!«

»In Wahrheit habe ich vor Angst gezittert und ich hatte überhaupt keine Lust, mit diesem alten Streuner zu kämpfen!«

»Oder gegen sein Schwert«, sagt Taneda schelmisch.

»Du hast Recht!«, stimmt Koyabashi zu.

»Ich war bereit, mit Ihnen zu sterben«, murmelt der Schüler.

»Ich weiß«, sagt der Meister.

Die beiden sehen sich gerührt an. Auf diese Weise entsteht manchmal eine unerschütterliche tiefe Freundschaft, die sich nicht in Worte fassen lässt …

»Aber wahre Entschlossenheit ist etwas anderes!«, erklärt der Meister.

»So?«, fragt Taneda.

»Entschlossenheit zeigt sich zum Beispiel während eines achttägigen Sesshins. In der Lotushaltung, in der Stille, ohne Ablenkung, ohne Ausrede und Entrinnen. Nichts als die Wand vor sich. Entschlossenheit bedeutet also durchzuhalten. Man schläft und träumt kaum, der Rücken ist gerade, man steht sich selbst gegenüber. Hier beweist sich wahre Entschlossenheit, wenn man im Zazen verbleibt, eins mit sich, innerlich gesammelt, konzentriert.

»Ich hatte stets Angst vor den Sesshins. Es ist so schwer, sich zu konzentrieren!«, bemerkt Taneda.

»Darauf wollte ich gerade zu sprechen kommen«, sagt der Meister lächelnd …

MEDITATION *(Dhyana)*

Das Wort Zen, auf Chinesisch *Tchan*, im Sanskrit *Dhyana*, wird mit ›Konzentration‹ oder treffender mit ›Meditation‹ übersetzt. Meditation bedeutet, unser zerstreutes Selbst aus allen Richtungen einzuberufen, die gesamten Kräfte des Geistes auf einen einzigen Punkt zu richten, sich zu sammeln und gleichzeitig mit dem Universum eins zu werden. Meditation bedeutet, mit seinem ursprünglichen Wesen an das Wesen Buddhas anzuknüpfen. Kurz, Meditation bedeutet, ›zu sich selbst zurückzukehren‹.«

»Besser kann man den Zen und das fünfte *Paramita* nicht definieren!«, sagt Koyabashi.

Der graue Kater mit den traurigen Schnurrhaaren, der sie seit dem Morgen begleitet, schüttelt zustimmend den Kopf. Sie haben die Vororte von Edo erreicht, und der Katzenmönch, dem sie unterwegs begegnet sind, dient ihnen in den verwinkelten überfüllten Gassen als Führer.

»Dieser Text stammt nicht von mir«, erklärt der graue Kater bedächtig. »Er ist von unserem Abt, Meister Toshibu.«

Er verbeugt sich flüchtig in Richtung des Tempels, in dem der Meister lebt. Koyabashi tut es ihm gleich, und auch Taneda verneigt sich etwas überrascht.

»Ich kannte einmal einen Menschen aus dem Okzident«, sagt Koyabashi, »der eines Tages vor der Tür des Klosters stand, in dem ich Novize war. Er wollte den Zen kennen lernen. Nach einigen Monaten durfte er an einem Sesshin teilnehmen. Ich erinnere mich daran, dass er ein riesiger Holländer mit roten Haaren war, der ein Handicap hatte: Es war ihm unmöglich, die Lotushaltung einzunehmen, und selbst in der halben Lotushaltung schmerzten ihn seine Gelenke. Ich weiß nicht, welche Vereinbarung er mit dem Leiter des Klosters traf, aber ich glaube, dass sie Folgendes beinhaltete: Entweder würde der Holländer während eines ganzen Sesshins Zazen mit uns praktizieren oder das Kloster verlassen müssen.

Am ersten Tag ertrug er es, am zweiten ebenfalls. Aber der dritte Tag war sehr schwierig und der vierte die Hölle. Er hatte schreckliche Schmerzen in den Knien und litt unter Schlafmangel (wir schliefen zwei Stunden pro Nacht). Außerdem erhielt er Schläge mit dem Stock, sobald er nur ein bisschen in sich zusammensank. Das war zu viel, es war absurd. Er würde aufstehen und gehen müssen. Aber das würde bedeuten, seinen Traum aufzugeben, den Traum, der ihn aus seinem Land herausgeführt hatte, der ihn dazu gebracht hatte, ein ganzes Jahr zu opfern, nach Japan zu kommen, um in den Zen eingeweiht zu werden. Er dachte über die Meditation nach und entschied sich für eine klassische Meditationsübung, bei der man seine Atemzüge zählt. Man atmet tief in den Bauch hinein, hält den Atem einen Moment lang an und atmet dann langsam wieder aus. Die Ausatmungen zählt man … nach der Zenschule Rinzaïs sind es jeweils zehn. Er entschied sich für die einfachere Zählweise von vier Atemzügen. Aber es funktionierte. Seine Stimmung veränderte sich hin und wieder. Mal war er humorvoll, mal empfand er Mitleid mit sich selbst. Dann wieder ärgerte er sich über sich selbst und vergab sich alsbald wieder. Doch er konzentrierte sich entschlossen auf den Ablauf: Einatmen, den Atem anhalten, langsam ausatmen, vier Mal, dann von vorne beginnen. Ohne Ende. Auf diese Weise erreichte er nach und nach, dass sich sein Gefühl zurückzog – so wie die Schildkröte ›ihre Beine einzieht‹. Er vergaß seinen Schlafmangel, seine Schmerzen. So überstand er den vierten Tag, den fünften und sechsten, bis er den siebten erreicht hatte. Und als die große Glocke des Tempels Sturm läutete, um das Ende des Sesshins zu signalisieren, als die Mönche sich wie fröhliche Kinder gemeinsam im heißen Bad tummelten und man ihn fragte: ›Und wie war dein erster Sesshin – nicht zu schwierig?‹, da anwortete er voller Erleichterung: ›Nein …‹, und fügte für sich selbst hinzu: ›Ich habe durchgehalten, ja, ich habe durchgehalten!‹«

»Das ist eine aufbauende Geschichte«, bemerkt Taneda. »Aber der Prozess muss ziemlich langweilig sein!«

Ihr Begleiter mit den traurigen Schnurrhaaren macht einen Satz, als er diese blasphemischen Worte hört. Um ein Schnurrhaar hätte er sich geweigert, diesen unverschämten Novizen zum großen Tempel von Edo mitzunehmen. Koyabashi ist sich der angespannten Situation bewusst und schaltet sich hastig ein:

»Die Meditation«, sagt er mit ernster Miene, »ist eine entscheidende Etappe auf dem Pfad. Wir haben verloren, was wir nicht besitzen, unsere Buddha-Natur. In der Meditation finden wir sie wieder.

Selbst wenn er in tausend schimmernde Splitter zerstreut ist,
so ist er stets da,
der Mond auf dem Wasser.
Ueda Chōshū«

Ihr Führer sagt nichts und beschleunigt mit immer noch saurer Miene seinen Schritt.

WEISHEIT *(Prajna)*

Die Weisheit ist nach allgemeinem Verständnis die Fähigkeit zu unterscheiden, zu verstehen, sich zu informieren. In der Sichtweise des Zen lädt die Weisheit (im Sanskrit *Prajna*) uns dazu ein, Gegensätze zu transzendieren: Das Schöne und das Hässliche, das Wahre und das Falsche, das Gute und das Schlechte. Das sechste und letzte Paramita erlaubt uns – jenseits von Illusionen und äußerem Schein – die höchste Wahrheit zu erreichen, unser eigenes ursprüngliches Wesen.

Verstehst du das, Taneda?«, fragt Koyabashi. »Prajna vollendet den Zyklus der Lehren und eröffnet uns den Weg zur Erleuchtung!«

»Ja, Meister«, antwortet Taneda gehorsam.

Koyabashi will seine Erläuterungen gerade zum Abschluss bringen, da erreichen sie ein Viertel von Edo, in dem Tokugawa Ieyasu einst ein herrschaftliches Schloss erbaute. Heute entstehen dort laufend neue Tempel und Heiligtümer. Die beiden Reisenden begegnen Samurais, Bauern und vor allem den Chōnin, den Einwohnern der Stadt. Sie folgen ihrem Führer flotten Schrittes dicht auf dem Fuße. Sie sind etwas verwirrt durch die Menschenmengen, die Farben, den Lärm. Schließlich erblicken sie am Ende einer langen Straße den riesigen goldenen Buddha, der das Portal des großen Tempels von Edo schmückt. Koyabashi flüstert seinem Schüler inbrünstig das folgende schöne Gedicht von Ryokan ins Ohr:

Seitdem ich das Haus verlassen habe,
vertraue ich meine Spuren den Wolken und dem Rauch an […]
So sehr ich auch frage und nachdenke, kenne ich doch den Beginn nicht.
Wie könnte ich das Ende kennen?

Ich existiere einen Moment im Nichts […]
Tag für Tag, Tag für Tag, Tag für Tag
verbringe ich mein Leben ohne Eile in Gesellschaft von Kindern.
In meinem Ärmel habe ich stets zwei oder drei Bälle […]
Ich berausche mich am Gesetz und am Pfad in diesem friedlichen Frühling.

»Meister«, sagt Taneda, »ich verstehe dieses Gedicht nicht recht, sicherlich ist es bewundernswert …«

»Hör zu, Taneda, wir erreichen gerade unser Ziel, und ich habe keine Zeit mehr, um es dir zu erklären. Du sollst aber wenigstens wissen, dass Ryokan nach 30 oder 40 Jahren Zenpraxis die Erleuchtung erreichte. Er spricht hier wie ein Erleuchteter, ein Boddhisattva.«

Taneda zieht fragend eine Augenbraue nach oben. Aber sie sind gerade dabei, durch das Portal des Tempels in den großen Hof zu gehen, wo sich zahlreiche Mönche aufhalten, die lachen und miteinander diskutieren. Die Reisenden steuern auf den Ort zu, wo sie vom Abt erwartet werden. Ihr Führer mit den traurigen Schnurrhaaren gibt ihnen ein Zeichen. Er geht allein hinein. Taneda nutzt die Gelegenheit, um sich etwas zu entfernen und mit den Kindermönchen Ball zu spielen. Koyabashi ruft ihn zur Ordnung. In diesem Moment bittet ihr Führer sie hinein. Der Abt sitzt in Zazen-Haltung da. Er ist ein alter Mann, sein Rücken ist gerade und seine Augen leuchten im Halbdunkel. Die beiden Reisenden grüßen ihn auf rituelle Weise, indem sie die Pfoten vor der Stirn zusammenlegen. Mit einer Handbewegung fordert der Abt sie auf, sich ihm gegenüber hinzusetzen. Es herrscht ein Schweigen, das sie nicht zu brechen wagen …

Schließlich sagt der Tempelvorsteher langsam und mit leiser Stimme:

»Ryokan empfand gegenüber allen Wesen Mitgefühl, eine grenzenlose Liebe! In der Gesellschaft von Kindern war er ein Licht Buddhas …«

»Selbst wenn er Ball mit ihnen spielte?«, unterbricht ihn Taneda.

Koyabashi versetzt seinem Begleiter mit der Hinterpfote einen kurzen Tritt, um ihn an die elementaren Regeln der Höflichkeit zu erinnern. Der ehrwürdige Mönch hat es nicht bemerkt. Er antwortet mit ruhiger Stimme:

»Wenn man Zazen praktizieren muss, warum sollte es gerade auf dem Berg *Song* sein?«

Ein anhaltendes Schweigen stellt sich ein … Auf ein Zeichen ihres Führers ziehen sich die beiden Reisenden zurück. Wie bei ihrer Ankunft führen sie den rituellen Gruß aus. Der Abt bewegt sich nicht. Als sie draußen sind, sehen sie sich an. Dann schweift Koyabashis Blick in die Ferne. Taneda beobachtet ihn einen Moment und entfernt sich schließlich unbekümmert, um mit den Kindern Ball zu spielen …

GLOSSAR

Atma: Atma beziehungsweise Atmen ist ein Begriff aus dem Sanskrit, der das Absolute, das Unendliche, die Unbegrenztheit, das Ewige, die einzigartige Realität bezeichnet.

Bodhisattva: Praktizierender des Buddhismus, der nach höchster Erkenntnis strebt, um sie zum Nutzen aller lebenden Wesen einzusetzen.

Edo: Alter Name der Hauptstadt Japans, Tokio, der von 1180 bis 1868 verwendet wurde.

Kesa: Robe der Zenmönche, die üblicherweise eine dunkle Farbe hat.

Ki: Energie der Existenz, Atem, Lebensenergie.

Koan: Rätsel, das einem Schüler aufgegeben wird, um ihn aus dem intellektuellen Denken herauszustoßen und ihm zu helfen, die Erleuchtung zu erreichen.

Satori: Japanischer Begriff für »Erleuchtung«, »Erweckung«.

Sesshin: Zen-Retreat, bei dem man auf intensive Weise Zazen praktiziert.

Song (Berg): Heiliger Ort, an dem der Bodhidharma, ein indischer buddhistischer Meister, der die Tchan-Schule in China gründete, Zazen praktizierte.

Tatami: Reisstrohmatte.

Tchan: Chinesischer Begriff für Zen.

Tenzo: Verantwortlicher in der Küche eines Zenklosters. Er hat eine wichtige und geachtete Funktion.

Zazen: Man nimmt den Lotussitz oder halben Lotussitz ein. Die Hände liegen im Schoß, die Handflächen weisen nach oben, die rechte Hand liegt auf der linken oder umgekehrt, je nach Tradition, die Daumen berühren sich leicht, man sitzt aufrecht und atmet ruhig.

ZITIERTE AUTOREN

Eiheï Dōgen: 1200 – 1253

Issa: 1763 – 1827

Masaoka Shiki: 1867 – 1902

Matsuo Bashō: 1644 – 1694

Onitsura: 1660 – 1731

Pantanjali: 2. Jh. v. Chr.

Ryokan: 1757 – 1831

Ryōta: 1707 – 1787

Augustinus: 354 – 430

Taneda Santoka: 1882 – 1940

Tōkō: 1752 – 1819

Ueda Chōshū: 1852 – 1932

Yoka Genkaku: 665 – 1713

Yosa Buson: 1716 – 1784

INHALT